# Inhalt

© 2020
Herstellung und Verlag:
BoD – Books on Demand,
Norderstedt
ISBN: 978-3-7526-8989-1

**Drang**

Ich sah sie – zufall – notgedrungen
nicht – niemals notgedrunken
nicht vorgedrungen
will sie drängen
doch nicht lenken
oder nicht?

## So viele

Hab' schon viele ihrer art g'sehen
gesprochen, begehrt – erstehen?
viele ihrer punkte besehen
doch auch oftmals nicht verstehen.

## Finaler Schluss

So sehr und intensiv
war einst selbst jedes tief
war's mit ihr, ja und wir
unser verlangen – gier!

hatt' keine reu'
sie gewollt zu haben
hatt' keine scheu'
uns benutzt zu haben!

niemals gegen sie
niemals ohne sie
immer mit ihr
eins, vereint
mein elixier
stets geeint.

## Loyal

sie ging
und hing
ja hier
an mir

das gehen war ein gegangen
denn sie hatte sich verhangen

untreue? keineswegs, nein
nur noch einmal wir allein.

**So sehr gewollt**

sie winkt'
ich hinkt'

nicht wieder angesprochen
weil freude
über die angekroch'nen
welch' meute

die sie ablehnte
und ich verlachte

doch nichts und nie
immer nur sie

sahen uns oft
sprachen nicht oft
wollte sie oft.

## Heiter am Wasser

Sie verging sich
nicht an mir
zum see sie schlich
war jetzt hier

da an meiner seite
wo ich sie geleite
in des sees tiefe
ganz tief, weit hinein
in uns're höhe
wir wieder allein.

## Trauer

So ging und verlief es sich
so hing und beschlief sie mich

habe nur sie im kopf
nie was and'res gemacht
als so sehr sie am zopf
nicht gepackt – doch gemacht

hing immer an ihr
sie nun auch an mir?

röchle noch ihren schweiss
bewein' ihren tod
auf der natur geheiß
war sie plötzlich tot

nicht verfehlt
nichts verhehlt

habe sie gepackt
sie ins grab versackt

doch alles ward gelaufen
in uns'rer welt
alles verfällt
mit ihr zu staub

für mich nur raub
konnt mir kein glück mehr kaufen

ich und sie
sie und ich
ich sie
sie ich
ich
sie
habe sie
hatte sie.

## Keine Einsicht

Bin einst dorthin
kam nie umhin

sie zu besehen
zusammen gehen

sie fühlen
berühren.

## Auszeit

Wollt' einmal mehr!
wieder mal sie bei mir spüren
ihren nacken
feuchte lippen
nicht machen kehr!
ihr gelang es zu verführen
fremde betten – fremde sitten?
ist doch viel mehr!
beide ran
vereinigung, bereinigung
frau und mann
badi badung, badi badung.

## Wieder ein Treffen

Habe nun sie –
treffen um treffen
sie will nur eins
will werden seins!
dachte,
sagte,
verlangte sie
hatt' nie vergessen

ich dies kühl vermessen
braucht' sie keineswegs
wollt' immer nur stets
hab' sie nie vergessen.

## Geschafft

Nun endlich, das meisterwerk
kalender – großer vermerk!

## Ein Wiedersehen

So ich sie wiederseh'n werde
werden es dann auf der erde

nicht vergnügend
so doch sühnend

uns're unschuld verlieren?
gar uns in streit probieren?

## Nachdenklich

Bin stets voll gehör
doch nicht für die worte
die an mein geöhr
all' gleich einer torte

sich heraufdringen
und gar eindringen
in wirre kanäle
alle ganz wie bälle
wieder in vernichtung
und dann großer schlichtung
sich verlieren
nicht lancieren

sondern besiegt
niedergerungen
gänzlich versiegt
ganz ausgedunsen

im hellen strahl
nun meine gedanken
ganz wie ein aal
voran – nie versanken.

## Immer nur sie

Hab' s ihr geschworen
sind jetzt verschworen
niemals verloren
stets neu geboren

und immer wieder
gar niemals bieder
kam' s so hernieder

unser glück
wie ein stück!

bedrückt?
verrückt!

in ferne welten
niemals vergelten

nur wir zwei
wie ein ei
im wirbel des lebens
im strudel des bebens

was war, was wird
alles berührt

ein körper – verschlungen
das ziel – nun gelungen.

## Heute wieder

Hab' heut' wieder den durst verspürt
zu schreiben über sie – verführt!

war schon oft bei mir
am essen belabt
dann ganz fein gehabt
im beisein bei ihr.

## So gings vorüber

was ist ein leben?
ohne affekt!
und was ein wollen?
ja, ohne tat!
was dann ein denken?
das nicht vollstreckt!

ein trauma ist's!
ein stupor ist's!
welch ein mist ja es doch ist
wenn du nichts gewesen bist.

## Über das Leben

Was ist das leben?

wird's von uns gemacht?
oder ist's gemacht?

fühlen, das ist's
befinden ist's
ja, haltung ist's!

doch über hochmut
wird jetzt hier gedacht
und dann auch gelacht!

denn das ist unser gebiet!
alexander am zenit
er will noch immer mehr
wie abgehoben, der!

was ist das leben?

## Hereinbruch

So standen sie
zögerten sie
nicht ob der unentschlossenheit
sondern wegen genauigkeit

nun wussten sie nicht recht,
wo sie so stehen würden
sich fügen – gottes recht
es war uns kein vergnügen

nicht wissen um die nahen momente
doch wissen um die eigenen ziele

das ist es, was wir dachten
bevor es ging ans schlachten.

## So ward der Tag gekommen

Nun war es wieder so weit
mit gelber weste, ganz breit!
breite masse
breite basse!
der bass im ohr
antrieb zum tor!

ja, so ähnlich war es
ins tor hinein – rein!
Pforte des Umsturzes
kein anführer, kein!

ganz gescheit
auch bereit!
zu lärmen
und sterben

wie naiv
mancher lief.

## Schausteller

Nie traurig, nie grinsend
nur Hass auf alles maskierte!
diese schausteller – blasierte!
so fühlt ich – bizarrend.

## Nur noch zwei

Nur noch zwei Gedichtlein
dann war's das mit dem reim!

wird's dann noch weit're geben?
ja oder nein?
ein paar – wohl kein?
ich werd's mir überlegen!

## Drang und Lust

Drang und lust
was sind sie schon?
stillen's frust?
sind sie gar lohn?

lust und drang
wohin führen sie nur?
zum abhang?
oh, welch klaviatur!

.